SENTIMIENTOS IMPORTANTES
SENTIRSE TRISTE

por Mary Lindeen

NORWOOD HOUSE PRESS

ESTIMADO (A) CUIDADOR (A), Los libros de la serie Comenzando a Leer - Grandes Sentimientos apoyan el aprendizaje social y emocional (ASE) de los niños. Se ha demostrado que el ASE promueve no sólo el desarrollo de la autoconciencia, la responsabilidad y las relaciones positivas, sino también el rendimiento académico.

Investigaciones recientes revelan que la parte del cerebro que gestiona las emociones está directamente conectada con la parte del cere que se utiliza en tareas cognitivas como la resolución de problemas, lógica, razonamiento y pensamiento crítico, todo lo cual es fundame para el aprendizaje.

El ASE también está directamente vinculado con lo que se conoce como Habilidades del Siglo XXI: colaboración, comunicación, creativi y pensamiento crítico. Los libros incluidos en esta serie de ASE ofrecen un acercamiento temprano para ayudar a los niños a desarrollar competencias que necesitan para tener éxito en la escuela y en la vida.

En cada uno de estos libros, los niños más pequeños aprenderán a reconocer, nombrar y manejar sus sentimientos, al tiempo que aprende que todo el mundo comparte las mismas emociones. Esto les ayuda a desarrollar competencias sociales que les beneficiarán en sus relaciones con los demás, lo que a su vez contribuye a su éxito en la escuela. Además, los niños también practican habilidades lectoras tempranas mientras leen palabras de uso frecuente y vocabulario relacionado con el contenido.

Los materiales de la parte posterior de cada libro le ayudarán a determinar el grado de comprensión de los conceptos por parte de su hijo proporcionarán diferentes ideas para que practique la fluidez y le sugerirán libros y páginas de internet con lecturas adicionales.

Lo más importante de la experiencia de lectura con estos libros, y con todos los demás, es que su hijo se divierta y disfrute leyendo y aprendiendo.

Atentamente,

Mary Lindeen

Mary Lindeen, autora

Norwood House Press
For more information about Norwood House Press please visit our website at www.norwoodhousepress.com or call 866-565-2900.
© 2022 Norwood House Press. Beginning-to-Read™ is a trademark of Norwood House Press.
All rights reserved. No part of this book may be reproduced or utilized in any form or
by any means without written permission from the publisher.

Editor: Judy Kentor Schmauss   **Designer**: Sara Radka   **Consultant**: Eida Del Risco

Photo Credits: Dreamstime: Torwai Suebsri, cover, Torwai Suebsri, 1; Getty Images: Bobex-73, 9, Cavan Images, 11, Deborah Faulkner, 6, DenKuvaiev, 16, energyy, 10, fizkes, 20, ImagineGolf, 25, Jasmin Merdan, 14, JGI/Jamie Grill, 5, JGI/Jamie Grill, 13, Klaus Vedfelt, 6, Laura Olivas, 3, manonallard, 19, PIKSEL, 7, Robert Deutschman, 27, SDI Productions, 8, 24, szefei, 23, Thanasis Zovoilis, 7, Westend61, 6, Yasser Chalid, 28, Yuji Arikawa, 17

Library of Congress Cataloging-in-Publication Data
Names: Lindeen, Mary, author.
Title: Sentirse triste / por Mary Lindeen.
Other titles: Feeling sad. Spanish
Description: Chicago : Norwood House Press, [2022] | Series: A beginning-to-read book | Audience: Grades K-1 | Summary: "What does
    it mean to feel sad? Readers will learn how to recognize and manage that feeling in themselves, and how to respond to others who
    feel that way. An early social and emotional book with Spanish-only text, including a word list"-- Provided by publisher.
Identifiers: LCCN 2021049741 (print) | LCCN 2021049742 (ebook) | ISBN 9781684507955 (hardcover)
    | ISBN 9781684047154 (paperback) | ISBN 9781684047239 (epub)
Subjects: LCSH: Sadness in children--Juvenile literature. |
    Sadness--Juvenile literature. | Emotions--Juvenile literature.
Classification: LCC BF723.S15 L5618 2022 (print) | LCC BF723.S15 (ebook) | DDC 155.4/124--dc23/eng/20211124
LC record available at https://lccn.loc.gov/2021049741
LC ebook record available at https://lccn.loc.gov/2021049742

Library ISBN: 978-1-68450-795-5   Paperback ISBN: 978-1-68404-715-4

347N—012022
Manufactured in the United States of America in North Mankato, Minnesota.

¿Te has sentido triste alguna vez?

Está bien
sentirse triste.

Todo el mundo se siente
así algunas veces.

Los bebés se sienten tristes.

Los niños se sienten tristes.

También los adultos.

A veces, puedes sentirte apenas un poco triste.

Y otras veces, podrías sentirte realmente triste.

A veces, la tristeza puede durar poco tiempo.

A veces, puede durar más.

Está bien que tengas tus propios motivos para sentirte triste.

Todo el mundo tiene derecho a sentirse de manera diferente.

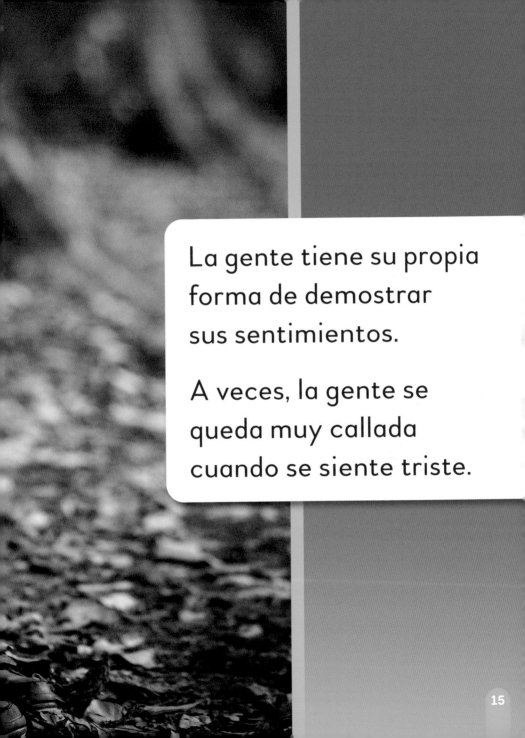

La gente tiene su propia forma de demostrar sus sentimientos.

A veces, la gente se queda muy callada cuando se siente triste.

A veces, pueden mirar al suelo y fruncir el ceño.

Y a veces lloran.

Está bien demostrar
que te sientes triste.

Es una forma de
hacerle saber a la gente
que estás pasando por
un mal momento.

Y entonces,
pueden ayudarte.

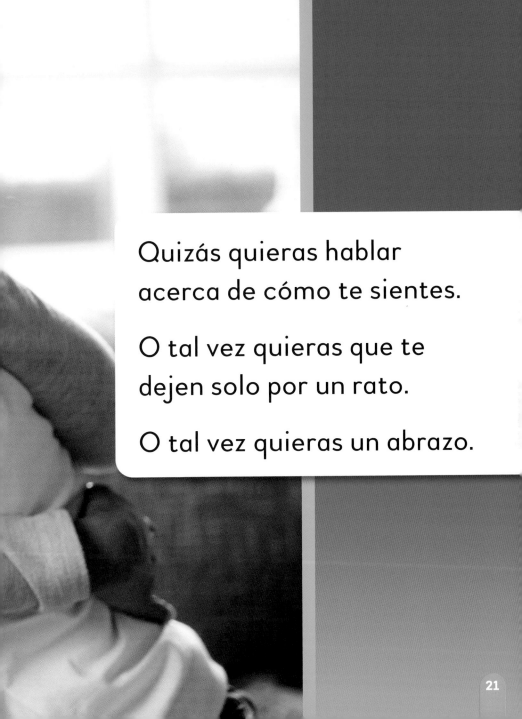

Quizás quieras hablar acerca de cómo te sientes.

O tal vez quieras que te dejen solo por un rato.

O tal vez quieras un abrazo.

Si alguien que conoces se siente triste, pregúntale cómo puedes ayudarlo.

¿Quiere que lo dejes solo?

¿Querrá que te sientes a su lado en silencio?

¿Quiere salir a dar un paseo contigo?

¿Le gustaría
que hicieras
algo gracioso?

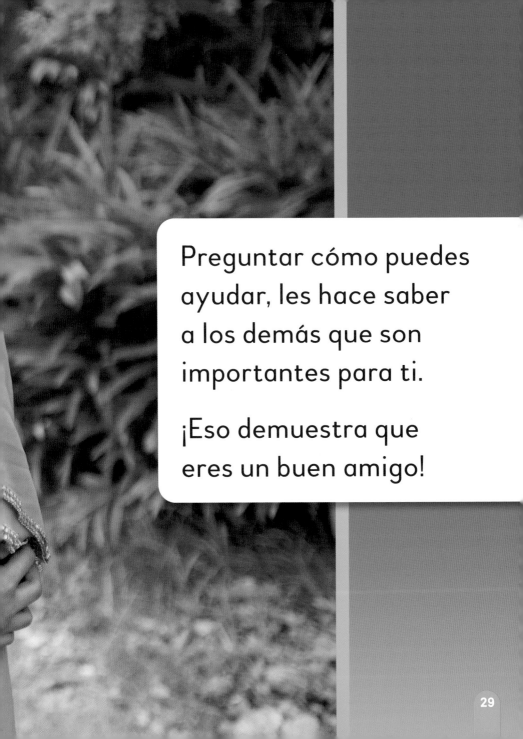

Preguntar cómo puedes ayudar, les hace saber a los demás que son importantes para ti.

¡Eso demuestra que eres un buen amigo!

Lista de palabras

a
abrazo
acerca
adultos
al
algo
alguien
alguna
algunas
amigo
apenas
así
ayudar
ayudarlo
ayudarte
bebés
bien
buen
callada
ceño
cómo
conoces
contigo
cuando
dar
de
dejen
dejes
demás
demostrar
demuestra
derecho

diferente
durar
el
en
entonces
eres
es
eso
está
estás
forma
fruncir
gente
gracioso
gustaría
hablar
hace
hacerle
has
hicieras
importantes
la
lado
le
les
lloran
lo
los
mal
manera
más
mirar

momento
motivos
mundo
muy
niños
o
otras
para
pasando
paseo
poco
podrías
por
pregúntale
preguntar
propia
propios
puede
pueden
puedes
que
queda
quiera
quieras
quiere
quizás
rato
realmente
saber
salir
se
sentido

sentimientos
sentirse
sentirte
si
siente
sienten
sientes
silencio
solo
son
su
suelo
sus
tal vez
también
te
tengas
ti
tiempo
tiene
todo
triste
tristes
tristeza
tus
un
una
veces
y

Sobre la autora

Mary Lindeen es escritora, editora, madre y, anteriormente, profesora de primaria. Ha escrito más de 100 libros para niños y ha editado muchos más. Se especializa en la alfabetización temprana y en libros para jóvenes lectores, especialmente de no ficción.